Paisajes Isleños

Paisajes Isleños

Agustín Amigó Rodríguez

EDICIONES
Aguere

IDEA

Colección dirigida por: Ánghel Morales García
Directora de arte: Sara Hernández
Maquetación: Marina Zambrana

Paisajes Isleños

Primera edición: 2024
© De la edición:
Ediciones Idea, 2024
Ediciones Aguere, 2024
© Del texto:
Agustín Amigó Rodríguez
© De la foto de portada:
Su autor

Ediciones Idea
• San Clemente, 24 Edif. El Pilar
38002, Santa Cruz de Tenerife.
Tel.: 922 532 150
Fax: 922 286 062

• León y Castillo, 39 - 4º B
35003 Las Palmas de Gran Canaria
Tel.: 928 373637 - 928 381827
Fax: 928 382196
correo@edicionesidea.com
www.edicionesidea.com

Ediciones Aguere
• Tribulaciones, 23
38001, Santa Cruz de Tenerife.
Tel.: 922 288 724 / 676 863 442
nacioncanaria@hotmail.es

Fotomecánica e impresión: Gráficas Tenerife, S.A.
Impreso en España - *Printed in Spain*
ISBN: 978-84-10272-11-8
Depósito Legal: TF 340-2024

PRÓLOGO

A lo largo de mi vida profesional, como ingeniero agrónomo, he tenido que hacer muchas visitas de campo en las Islas Canarias, principalmente en las Occidentales por ser la ciudad de Santa Cruz de Tenerife mi lugar de residencia. Muchas y grandes han sido las emociones experimentadas en todas las islas ante la diversidad y originalidad de sus paisajes, así como las sorpresas al contemplar por primera vez determinados lugares, o bien, los cambios y efectos producidos en ciertas horas del día por la luz, con la amplia y compleja gama cromática existente, los espectaculares periodos de plena floración en distintas épocas del año, etc. La riqueza y singularidad de la flora, con un alto porcentaje de endemismos, el origen y carácter volcánico de las islas, unido a la acción del hombre en la creación del paisaje, hacen de ellas un todo único e irrepetible. Fruto de las impresiones y emociones recibidas en dichos recorridos, junto a los realizados familiarmente, especialmente practicando senderismo, es la presente colección de poemas *Paisajes Isleños*, con la que deseo que estos sentimientos y emociones sean compartidos.

La colección se divide en tres partes. La primera de ellas está dedicada a la descripción de los diferentes estratos o pisos que presenta la vegetación de las islas, al ir ascendiendo en altura. He de advertir que no ha sido mi intención dar a estos poemas descriptivos un rigor científico, ya que aparte de la complejidad del tema y de no corresponder a mi campo de actividad profesional, los poemas han sido hechos bajo una mirada poética y buscando la mayor sencillez y brevedad en los mismos. Por tal motivo, no ha sido incluida la bibliografía consultada, pero si se adjuntan los nombres científicos de las plantas para su mejor identificación. También he de hacer la observación, en lo referente a la descripción de la laurisilva, que su área natural ha ido siendo invadida paulatinamente por el fayal-brezal, principalmente, debido a las talas realizadas a partir de la época de la conquista, quedando en la actualidad reducido su dominio a determinadas zonas, dentro de su área natural, no obstante, han quedado espléndidos reductos en los que ha sido conservada en todo su esplendor.

La segunda parte de la colección refleja una visión poética personal de diversos paisajes insulares, en los que he considerado la isla en su conjunto en los casos de las dos de menor superficie (Gomera y Hierro). Debido a las circunstancias indicadas de lugar de residencia y a la realización de mi actividad profesional principalmente en las Canarias occidentales, a lo que se añaden particulares motivos familiares, que han hecho que estos paisajes me sean especialmente entrañables, estos poemas corresponden a lugares concretos sólo de dichas islas occidentales, pero indudablemente la belleza de las Canarias orientales está al mismo nivel, complementándose ambas en diversos aspectos, constituyendo todas las islas con su fuerte y original personalidad propia, debido al singular proceso creativo volcánico, un conjunto difícilmente superable.

Por último, la tercera parte recoge, principalmente, paisajes que han sido construidos por la acción del hombre en las Islas Canarias, los cuales contribuyen a darles su marcada personalidad, como son por ejemplo los enarenados volcánicos y las cubiertas de jable. Estos paisajes tienen carácter agrario y muestran el ingenio del que ha hecho gala el agricultor para lograr extraer los frutos de la tierra, adaptándose al medio ambiente y aprovechando los materiales y medios en él existentes. En el caso de la platanera, ello ha supuesto costosas obras de abancalado y transporte de tierra desde la cumbre, con las que se han creado paisajes artificiales desde el nivel del mar hasta los 300 metros de altitud. Con el paso del tiempo se ha ido incorporando paulatinamente la tecnología, apareciendo el invernadero, a fin de rentabilizar y modernizar las explotaciones, lo cual a su vez ha dado nuevo carácter a determinadas zonas que han llegado a integrarse con el turismo.

Santa Cruz de Tenerife, abril de 2024
Agustín Amigó Rodríguez

PRIMERA PARTE, SOBRE LA FLORA DE CANARIAS

Vegetación de las zonas bajas

I

Las Islas Canarias tienen gran riqueza de flora,
con proporción de endemismos muy alta,
destacando en ella por su especial nota
la que se extiende por las cotas más bajas.
La vegetación natural de estas zonas,
sin suelo apropiado y escasez de agua,
originalidad y exotismo derrocha
marcando contraste con la de montaña.
Las extrañas conformaciones y siluetas
de los vegetales que en ellas se instalan
un gran tipismo dan con su presencia
y carácter al paisaje que engalanan,
constituyendo una de las facetas
que al visitante más atención le causa.

II

Son formaciones xerófilas, adaptadas
a la sequía y aridez del medio,
desplegando la naturaleza sabia

gran variedad de procedimientos
a fin de lograr almacenar el agua
asegurada en sus tejidos internos,
con paredes externas especializadas
para preservar el preciado líquido dentro.
Las hojas disminuyen o desaparecen
y surgen recubrimientos céreos,
las espinas corrientemente aparecen
imprimiendo su característico sello,
e incluso grandes rosetas crecen
adornando vertientes y senderos.

III

Al contemplar este singular paisaje
la familia que en él más se destaca
es la de las euforbiáceas, que sobresale
de las demás por su preponderancia,
con elementos especialmente notables
como son el cardón y las tabaibas,
que trepan por laderas y peñascales
hasta llegar a las crestas y coronarlas.
El cardón (1) ha llegado a considerarse
uno de los símbolos vegetales canarios,
con su ramificación muy abundante
y particular porte en candelabro;
las tabaibas le rodean, para adornarle,
llegando a cubrir por completo su campo.

IV

El cardón abunda en los pedregales
ardientes de laderas y barrancos,
con sus tallos verde-grisáceos verticales,
que pueden tener hasta seis ángulos.
Sus líneas dibujan los resecos paisajes
estando constituido su entramado
de carnosos tallos, todos iguales,
con la original curva de un candelabro.
Las tabaibas, con sus tallos ramificados
y hojas en estrella, dan especial toque
a la belleza conjunta del cuadro
que este singular paisaje compone,
siendo de la naturaleza un regalo
del que las Islas Canarias dispone.

V

Las tabaibas son euforbias arbustivas
de tronco grisáceo, del que las ramas,
también grises, van saliendo unidas,
mostrando sus hojas verdes, lanceoladas,
sólo en el extremo en que terminan,
en círculos de disposición estrellada
típica, que permite se las distinga,
y el resto de las hojas cae de la planta.

Poseen todas látex en abundancia:
cáustico, en la tabaiba amarga (2);
masticable, en la tabaiba dulce (3).
La amarga con varios frutos en sus ramas
y la dulce queda sólo coronada
con un único fruto que las cubre.

VI

Fielmente unido al cardón y las tabaibas
está el vulgarmente llamado verode (4),
que es un endemismo canario de fama,
como así el visitante lo reconoce.
De familia (5) distinta a la de las tabaibas,
su parecido entre ellas se esconde,
con sus tallos de tonalidad verde-clara,
de tramos cortos, carnosos y napiformes.
Las hojas son más largas y suculentas,
mostrando un penacho que verdea,
pero igualmente llega a perderlas
al implantar el calor sus rigores,
así como sus flores amarillentas
en cabezuelas que coronan los bordes.

VII

Dando también singularidad al paisaje
se encuentran el conocido bejeque (6),

endemismo canario vistoso y notable
de las crasuláceas a las que pertenece.
Dentro de su mismo género sobresalen
además otras endémicas especies,
pudiendo ser vistas en los peñascales
o trepando por muy abruptas vertientes.
Son plantas con hojas en rosetas sentadas,
grandes, carnosas y de bordes rosados,
que muestran largas inflorescencias;
encontrándose a veces en los tejados
o en senderos, en rosetas aplastadas,
e incluso en riscos en zona de nieblas.

VIII

Conviviendo con estas plantas en roseta,
el bosque termófilo trepa el basalto
y en él hacen destacada presencia
la sabina (7), la palmera (8) y los dragos (9).
Por su extraño porte y especial rareza
es muy célebre el drago canario,
objeto de antiguos mitos y leyendas
y llegando, por longevidad, a milenario.
Casi siempre en inaccesibles lugares,
en alturas de no más de seiscientos metros,
resalta con su figura muy original,
siendo ya venerado por los guanches
que apreciaban su imponente aspecto
y su gran tamaño, a veces colosal.

IX

El drago presenta, primero, grueso tallo,
que desde un punto se ramifica luego,
para quedar cada brazo terminado
en coriáceas hojas formando plumero.
Su arquitectura sorprende al extraño,
que siente una gran curiosidad al verlo,
surgiendo en él un sentimiento vago
de algo extinguido, pero sin serlo.
Se han replantado en la actualidad
con palmeras, en jardines y parques,
imprimiéndoles carácter y tipismo,
uniéndose diseño y originalidad
en diversos paisajes artificiales
cargados de belleza y simbolismo.

NOMBRES CIENTÍFICOS

Euphorbia canariensis (cardón) (1).
Euphorbia lamarckii y *euphorbia regis-jubae* (tabaiba amarga) (2).
Euphorbia balsamífera (tabaiba dulce) (3).
Kleinia neriifolia (verode) (4); familia asterácea (5).
Aeonium canariense (bejeque) (6).
Juniperus canariensis (sabina) (7).
Phoenix canariensis (palmera de canarias) (8).
Dracaena draco (drago) (9).

LAURISILVA

I

Formación arbórea siempre verde
de composición muy heterogénea,
integrada por diversidad de especies
destacando las lauráceas en ellas.
En el terciario podían verse
de este bosque grandes zonas llenas,
en la cuenca mediterránea, principalmente,
mostrando verdes extensiones espesas.
Las glaciaciones previas al cuaternario,
con su extrema helada presencia,
destruyeron esta masa forestal,
incapaz de resistir el fuerte impacto
con el carácter propio de su herencia
de bosque de tipo subtropical.

II

Tras intensos periodos helados
y sequías, se extinguió la laurisilva,
bosque de tipo lauroide que antaño

fue de la naturaleza maravilla,
quedando como un reducto del pasado
conservado en unas pocas islas,
situadas en el océano Atlántico
y en la Macaronesia reunidas.
En ellas cobró gran vigor este bosque
sumergido entre masas de neblinas,
al estar expuesto hacia el norte
portador de las húmedas brisas,
que al ascender los montes hasta sus bordes
descargaban el agua cristalina.

III

Entre la laurisilva superviviente,
sobresalió notable la de Canarias,
en donde llegó a cubrir un frente
con una gran superficie ocupada.
Los primeros navegantes presentes
dieron a esta vegetación gran fama,
llegando a decir que podían verse
tupidos bosques que hasta el mar llegaban.
El bosque de tipo selva era éste,
que llenaba una franja de las islas
en su cara expuesta hacia el norte,
suavizando las abruptas vertientes
al quedar amortiguadas las aristas
del relieve por sus árboles nobles.

IV

Una densa bóveda de follaje
condensaba el agua de las nieblas,
surgiendo por doquier los manantiales
tras el agua atravesar la tierra.
El suelo se cubría de ropaje
con residuos que formaban capa espesa,
para que en fértil humus se tornase
y diera nutrición a la selva.
Los helechos crecían lujuriantes
y el musgo tapizaba las paredes
por el interior del bosque umbrío,
en el que arroyuelos zigzagueantes
bordeaban los árboles solemnes
para saltar a algún barranquillo.

V

Quedó entre fayal-brezal y la costa
en las islas con la altura adecuada,
contra las que los alisios chocan
formando de nubes blanca capa.
En esta alargada masa boscosa
 laureles (1) y acebiños (2) destacaban
en todas las áreas más frondosas,
llegando a alcanzar las partes más altas.
Los viñátigos (3) se extendían por los valles
y bordeaban las abruptas gargantas,
mientras que en escarpes y peñascales

barbusanos (4) y adernos (5) se instalaban,
junto con paloblancos (6) y marmolanes (7)
que en laderas de umbría salpicaban.

VI

En los fondos sombríos de las vaguadas
y contorneando los manantiales,
masas de altos tilos (8) se apretaban
junto a paredes, de cuyas oquedades
aglomeraciones de helechos colgaban,
meciendo sus grandes frondes por los cauces
cuando el viento por ellos silbaba,
o el agua que chocaba en los escarpes
con sus salpicaduras les alcanzaba,
haciendo oscilar la apretada cortina
que hasta la base de la pared llegaba,
pareciendo como si estuviera viva
y se moviera con tan sólo ser tocada
o sometida a una suave brisa.

NOMBRES CIENTÍFICOS

Laurus novocanariensis (laurel o loro) (1).
Ilex canariensis (acebiño) (2).
Persea indica (viñátigo) (3).
Apollonias barbujana (barbusano) (4).
Heberdenia excelsa (aderno) (5).

Picconia excelsa (palo blanco) (6).
Sideroxylon canariensis (marmolán) (7).
Ocotea foetens (til, o tilo) (8).

FORMACIÓN FAYAL-BREZAL

I

Situada entre laurisilva y pinar
y formando parte del monte verde
se encuentra la formación fayal-brezal
ocupando en las islas un amplio frente.
Se despliega entre la nubosidad
en masa compacta y resistente,
siendo éste el medio habitual
en el que mejor se desenvuelve.
En parte bosque de tipo subtropical,
pero en menor grado que la laurisilva,
ocupa con frecuencia su lugar
asentándose de forma definitiva,
y la llega por completo a desplazar
en zonas donde fuerte el viento silba.

II

Es la faya o haya de Canarias (1)
endémica de la macaronesia,
presentando en su forma arbórea
una altura bastante elevada.

Alcanza su mayor desarrollo y talla
cuando en la laurisilva se encuentra,
formando con estas lauroides selva
en la que la luz interior es escasa.
Su tronco es agrisado-parduzco
y sus hojas son lanceoladas,
pudiendo verse cubierta de musgos
y líquenes dispuestos en gruesa capa,
debido al ambiente muy húmedo
cuando en la laurisilva se halla.

III

La faya tiene gran afinidad con el brezo (2),
formando con él verdadero bosque
en las condiciones óptimas del medio
para que ambos mejor se desarrollen.
Juntos cubren zonas por completo
tapizando laderas hasta sus bordes,
fijando de esta manera el suelo
y evitando erosiones y desplomes.
Componen faya y brezo un consorcio
que es común en la macaronesia,
mostrando en Canarias especial porte;
siendo posible alcanzar este logro
porque la naturaleza es en ellas
generosa con sus infinitos dones.

IV

El brezo arbóreo de las Canarias
alcanza un porte y talla notables,
cuando no es perturbado por la tala,
ofreciendo espléndidos ejemplares.
Así, llega a superar en esta área
al existente en otros lugares,
en los que con amplitud se instala,
pero sin desarrollos espectaculares.
Este óptimo que el brezo muestra
coincide también con el del fayal
en ambiente templado y húmedo;
por lo que fayal-brezal forman pareja
como una representación natural
de algo considerado como único.

V

A partir de determinada altura
la faya ya no puede adaptarse,
mientras que el brezo si continúa
en las nuevas condiciones ambientales,
extendiéndose sobre la bruma
dominando por completo el paisaje
y como brezo arbustivo ahora actúa,
pero sin tener nuevo acompañante.
El monte-verde, en su zona más fría,
se transforma así en brezal puro,
que llega a alcanzar el pinar,

formando un tapiz verde-oscuro
con tempranas flores blanquecinas,
que un suave aroma pueden dar.

VI

El brezal, en ciertas ocasiones,
presenta un increíble paisaje,
cuando fayal y brezal en el monte
comienzan ya a separarse.
La masa espesa que forma el bosque,
en algunas zonas puede observarse,
da paso a brezal arbustivo noble
de tallas que aún son muy notables.
Pero sus troncos son ahora tortuosos
y se entrecruzan cubiertos de musgos
y líquenes, cuyas grises barbas,
chorreantes por el ambiente húmedo,
invaden las copas desflecadas,
pareciendo algo fantasmagórico.

VII

Este monteverde de fayal-brezal,
normalmente envuelto por las brumas,
aumenta sensiblemente la cantidad
de agua que se recoge a esa altura.
Mantiene los suelos firmes en el lugar,
evitando erosiones y mordeduras

en la tierra, que la pueden precipitar
hasta quedar sólo la roca desnuda.
Puede producir una buena madera
además de enseres para los cultivos,
como varas y horquetas de sostén,
y su compacta masa el flanco verdea
de las islas, que le es distintivo,
aportándole belleza y solidez.

NOMBRES CIENTÍFICOS

Myrica faya/Morella faya (Faya o haya de Canarias) (1).
Erica canariensis (brezo) (2).

Pino de Canarias (1)

I

Existente en abundancia en el terciario,
las glaciaciones extinguieron su especie
quedando, en el océano aislado,
tan sólo en las Canarias presente.
Así, en sus islas altas situado,
el pino canario puede verse
como una reliquia del pasado
que en ellas evolucionó indemne.
Coronándolas en las alturas,
da verdor a todas sus vertientes,
llegándolas a hacer suyas
con su poderoso carácter resistente
y sobrepasando a la bruma
en el norte con monte-verde.

II

Masas verdes en resecas cumbres,
hasta donde la vista alcanza

extendidas, y con mansedumbre
mirando al cielo sin mudanza,
forman los pinos en muchedumbre
situados, con la forja de lanza
no desgastada por la herrumbre,
en la borrasca o en bonanza.
A duras inclemencias resistente
y con gruesa corteza protegido,
da belleza al medioambiente
y si al fuego es sometido
rebrota más tarde nuevamente,
cuando éste se ha extinguido.

III

Coloniza suelos desolados,
con tan sólo vestigios de vida,
terrenos lávicos marginados
en los que la tierra es redimida
con montes de pinos repoblados,
que soportan duras embestidas
y captan, si el aire es saturado,
el agua por ellos recogida.
Manto verde en volcánicas cumbres,
de este modo cubiertas y adornadas
por el singular pino de Canarias,
que mantuvo su ancestral reciedumbre
recibiendo la especie el nombre
de las islas que son su morada.

IV

Con sus potentes y recias raíces
trepa por los terrenos escarpados
llegando a lugares inaccesibles
como si los hubiera conquistado.
Su larga convivencia con el volcán
al fuego ha aumentado su resistencia
desarrollando tejidos en la madera
que nuevos brotes pueden dar.
Se recupera en corto tiempo
y llega a ser compañero ideal
de los volcanes y erupciones,
formando un paisaje original
de una gran belleza y colores
que van del blanco hasta el negro.

V

Sus hojas son acículas en tres unidas,
que le dan un peculiar talante
distinto a otros pinos restantes,
por proceder de especie extinguida.
Su tronco: de joven, vacilante
y con los años, postura erguida,
proyecta sombra al caminante
y le ofrece una grata acogida.
Su madera llega a ser resinosa,
madera de pino enteada,

considerada como preciosa,
presente, por ello, en fachadas
de construcciones primorosas
con su tradicional balconada.

NOMBRES CIENTÍFICOS

Pinus canariensis (pino de Canarias) (1).

VIENTO DEL NORTE

I

Sopla viento, sopla
por cumbres montes y collados,
viento del norte llamado,
viento de humedad cargado
que fecundas la tierra
hasta lugares desolados.
El verdor, si por ti no fuera,
hubiera terminado.

II

¡Fayal, brezal, laurisilva,
pinar de las islas!
Entre masas de neblinas,
por el viento traídas,
lucen y rejuvenecen
al tiempo que aparecen
muchas flores amarillas,
que los campos iluminan.

III

Sopla viento del norte,
así eres llamado
viento de humedad cargado.
Si callas y enmudeces,
si el silencio te domina,
la naturaleza declina,
tu silencio nos envuelve
y el alma desanima

IV

Mas sigues constante siempre
en tu ciclo planetario,
para que el agua llegue,
por ser obra divina.
Así, hombre que camina
debe ir al encuentro
de la juventud perdida,
como lo hace el viento.

SEGUNDA PARTE, SOBRE LAS ISLAS Y SUS PARQUES

ISLA DE EL HIERRO

(a Mercedes)

I

Isla pequeña, estrella de tres brazos
con curva abierta hacia el norte,
en la que se encuentra situado
un valle de majestuoso porte,
que da personalidad y carácter
a la lava salida de un gran cráter
que dio cuerpo a toda la isla,
modelándose así su figura
como si fuera una escultura.

II

El fondo oceánico agrietado,
debido a tensiones enormes,
se abrió en fisuras diversas
bifurcadas en tres direcciones
tomando la forma de Y griega,
que vertieron el magma caliente
para buscar salida ascendente.

Tras surgir del mar en ígnea bravura,
la lava creó una isla circular
expulsada por un volcán central
que creció en tamaño y altura
para más tarde llegar a colapsar,
sin dejar de emitir fuego y lava
en serie de sucesivas coladas.
La isla siguió creciendo en tamaño
adoptando una forma triangular,
pero al ser la estructura inestable
acabó cediendo en sus tres lados,
produciéndose deslizamientos
que se desplomaron sobre el mar,
creándose: en el norte, el gran valle
y en el resto, otros dos más pequeños.
Continuaron las erupciones
lanzando lava por los costados
así como fuego y piroclastos,
alternando con negros cordones
que deslizaban por las laderas
coloreando de negro zonas enteras.
La fluida lava llegó a hacerse suya,
curtiendo su piel en el día y la noche,
dejando su huella en laderas abruptas
y llanos teñidos de diversos colores.
Masas compactas en laderas oscuras,
llenas de pliegues de negros cordones,
pequeñas rocas, de formas cúbicas,
de agudas aristas y colores ocres.

III

Tras el paso de muchos miles de años
la vida surgió con fuerza en la lava
llenándose de verdor las coladas
que habían rellenado los costados.
Una gran diversidad de paisajes
se crearon desde el mar hasta el monte,
coexistiendo en singular armonía
la lava, verdes prados y densos bosques.
La costa se llenó de cuevas ocultas,
talladas por los interminables choques
entre el mar y las negras columnas
lávicas, que se formaron como torres.
Las volcánicas rocas parecían buscar
la forma de poder mitigar los golpes,
apareciendo a la vista grandes grietas
que hacen posible que las olas exploten.
La laurisilva surge sobre un costado
del valle, queriendo su ladera escalar,
disputando viñátigos y palo blancos
con laureles y fayas su carácter noble,
para dar luego paso al fayal-brezal
que alcanza la parte alta del bosque.
Y ya en zona sur, formando corona,
el pinar sustituye al monteverde
bordeando las cumbres, a veces difusas,
por la niebla que al atardecer aparece.

En las crestas del monte se destacan
grandes pinos, enmarcados por la luna,
y, abajo, el mar parece una laguna
en la que se reflejan sus rayos de plata.

IV

Una amplia zona llega a ocupar el pinar
con ejemplares de hermoso porte,
que descienden por las secas vertientes
a las que no llega la humedad del norte,
llenando el costado de la isla de verdor
sobre la negrura de abruptas pendientes
que en su día las cubrió lava ardiente.
Más abajo los verodes y tabaibas
imponen un nuevo aspecto al paisaje,
entre las diversas formas de la lava
emitidas por distintos volcanes,
hasta llegar adonde la isla se curva
en que dando paso a que los alisios soplen
surge un sabinar de salvaje hermosura,
superviviente de muy duras condiciones.
Troncos de largas y fuertes curvaturas
con ramas como rotas a jirones
y rizadas, formando mil volutas,
es el aspecto que las sabinas imponen.
La sabina es emblema de la isla
por el que ampliamente se la reconoce,
símbolo del arraigo de sus gentes
y la fuerza de la estirpe que engendrose.

V

Los altos acantilados forman cúpulas
sobre los verticales desplomes,
que produjeron el deslizamiento,
al hundirse la isla en su lado norte.
El gran valle, visto desde las alturas,
parece un sueño de las mil y una noches,
con cultivos que tapizan de verdor
y fuertes pendientes ocupadas por bosque,
junto a un mar que parece un espejo
que lo mira arrobado en embeleso.
Siguiendo la costa hasta su final
se llega a una playa de diversos colores,
tras atravesar masas de grises inciensos
que llenan el aire de suaves olores,
y al fondo en el mar salta la espuma
de las olas que estallan contra los roques,
para luego penetrar en oquedades
con bellas arcadas y verticales bloques.
El sol se pone en aquella Punta
de oscura roca con líquenes ocres,
dando otra luz a este bello jardín
dibujado entre la lava informe,
en la que se ven algunas bombas
por volcán lanzadas con fuerza enorme.
El suelo, a la vez que gana en altura,
se va cubriendo de verodes y bejeques,
queriendo trepar superando la bruma
para ver el sol iluminando la vertiente,
hasta alcanzar en lo más alto un mirador

sobre pared vertical que cae de golpe
desde el que se divisa todo el valle
perfilado por la curva del horizonte,
hasta que el sol hunde su disco en el mar
con los rojos reflejos de su reverberar.

VI

Una belleza increíblemente pura
muestra la Isla al llegar la noche,
con destellos fugaces que apenas duran
en los verdes campos llenos de flores.
En el cielo, con claridad se ve la luna
llenando de reflejos todo el mar
que luce como un gran espejo
queriendo a la isla hacerla brillar.
En la costa, llena de grises inciensos,
se aprecian intensos sus suaves olores
y en medio de un gran silencio
tan sólo se oye que las olas rompen.
Y allá en lo alto de las montañas
bordeadas por hileras de pinos,
celosos centinelas que la isla guardan,
lentamente desciende la bruma
cayendo como formando cascada
que nadase en un mar de espuma.

ISLA DE LA GOMERA

I

Isla pequeña, de gran belleza,
surcada de profundos barrancos,
en los que vive la palmera
sus laderas escalando.
Radiales grietas abiertas,
a lo largo de millones de años,
por las erosiones diversas
que la fueron desmantelando.
Grandes depresiones en la tierra
en bellos valles terminando,
que asombran al que los contempla
y producen vértigo al mirarlos.

II

Del fondo del mar emergió la lava
formando una isla circular
con las basálticas coladas
emitidas por un volcán central.

Siguió creciendo en altura
al irse acumulando las capas,
pero el gran peso de la cúpula
al edificio hizo colapsar
produciéndose deslizamientos
que dejaron valles abiertos
y al descubierto la parte basal.
Continuaron las erupciones
dentro de la cuenca formada
cubriendo las vertientes de lava
en sucesivas emisiones,
hasta que se hizo el silencio
y el volcán se detuvo en el tiempo.
La isla quedó dormida
y sometida a los elementos
que dejaron al descubierto
todo el trabajo volcánico,
mostrándose así el esqueleto
del complejo edificio interno
a través de profundos barrancos
que la habían seccionado.

III

Sin actividad volcánica
la isla mantuvo forma circular,
siendo las costas erosionadas
por los fuertes embates del mar,
creándose bellos acantilados

de curiosas formas verticales,
algunos de ellos sorprendentes
con la lava solidificada
en altos prismas hexagonales
mostrando el capricho del volcán.
Como un trabajo de diseño
y en columnas fracturado
así aparecen los Órganos
verticalmente tallados.
Los efectos del agua y el viento
crearon los profundos barrancos
en forma radial desde el centro,
y erosionaron conos volcánicos
dejando así al descubierto
numerosos roques imponentes,
como gigantescos vigilantes
elevándose dominantes
en lo alto de las vertientes
para cubrir todo el frente.

IV

La isla fue cobrando vida
en su compleja orografía,
a la vez que surgían manantiales,
poblando las alturas el bosque
y los barrancos los palmerales.
Los verodes, tabaibas y cardones
dominaron las zonas más bajas,
siguiendo en altura las sabinas

que cubrieron la zona norte
llenando áreas muy amplias.
Una flora de gran riqueza
ocupó laderas y montañas
con gran número de endemismos,
debido a los muchos microclimas,
situación de aislamiento
y disponibilidad de agua,
captada de las densas neblinas
que al bosque atravesaban,
absorbiendo la tierra el goteo
y formándose riachuelos.

V

Al tener suelos impermeables
fue posible construir presas
que almacenaran el agua,
evitando sequías estivales
a las poblaciones asentadas
que vivían de la agricultura,
cultivando huertas en laderas
superando distintas alturas
y llevando el agua a los valles
para el cultivo de plataneras.
Así, bellos pueblos se muestran
conservando cultura tradicional
manteniéndose las esencias
de lo que dio la fuerza vital.

En zona de fuertes pendientes
y terrenos muy ondulados,
con paisaje de sabinas
a las montañas salpicando,
surge un majestuoso roque
denominado Roque Cano.
A sus pies, Vallehermoso,
seguro bajo el coloso,
se integra en el paisaje
como si de él hubiera brotado.
Más allá, siguiendo la carretera,
montañas de bella roca
sorprenden con su hallazgo,
en moles que impresionan
por sus colores y rasgos.

VI

En el centro: un gran monte-verde
de laurisilva, faya y brezo,
Garajonay es su nombre
y es un Parque Nacional isleño.
La laurisilva de este Parque
ha mantenido todo su esplendor
como reliquia de un pasado
extinguido en el cuaternario,
siendo un fósil viviente
como un recuerdo permanente.
El bosque atravesado por las nubes
está siempre cargado de humedad

haciendo posible a los árboles
desarrollar su plena actividad,
protegiendo a la isla por entero,
al evitar toda clase de erosión
con raíces ancladas en el suelo
y las densas masas de follaje
recogiendo gran cantidad de agua
que luego a los acuíferos recarga.
En los umbríos valles del Parque
aparecen tiles gigantescos
formando masas impresionantes
flanqueadas de hileras de helechos.
En las vertientes que miran al norte
los árboles son de menor talla
destacando laureles y acebiños,
junto con palo blancos y hayas;
es la laurisilva de ladera
que llega a formar áreas enteras.
El bosque, con su denso follaje,
se extiende hasta las cotas más altas
y en su interior, de curiosas formas,
se ven árboles de retorcidas ramas,
musgos y líquenes cubren los troncos
y el suelo está lleno de helechos,
pareciendo un mundo remoto
lleno de magia y misterio,
envuelto por la neblina
y surcado por riachuelos.
A lo largo de línea de cumbres
que miran hacia el lado norte

en zonas de intensas nieblas,
crecen brezos de escaso porte,
pero de gran interés y belleza,
con sus troncos inclinados
llenos de musgos y líquenes
que a menudo tapizan la tierra.
En la vertiente que mira hacia el sur,
menos favorecida por las nieblas
y de más duras condiciones,
domina la formación fayal-brezal
destacando el brezo arbóreo,
que se extiende por las laderas
con espléndidos ejemplares
superior al de otros lugares.
Como guardianes del Parque,
hay cuatro imponentes Roques
en las inmediaciones del bosque,
sobre un fondo azul pleno
formado por el mar y el cielo
cubierto por una bóveda
que cierra el círculo completo
y deja el alma en suspenso.
Desde allí, mirando al horizonte
por encima de los Roques,
dominando el de Agando,
los contornos de otras islas
sus bordes dibujan etéreos.
Mientras, masas de nubes densas,
que descienden por las pendientes,
van cubriendo el bosque espeso

como si fuera un blanco manto
que lo arropa en embeleso.

VII

Al atardecer, tonos rosas
aparecen en el cielo,
coloreando a la isla
que luce matices nuevos;
 y las palmeras se perfilan
en los bordes de los cerros,
totalmente integradas
en un escenario perfecto.
Llegan las primeras sombras,
con el disco solar cayendo,
formándose claroscuros
en el mar y tierra adentro.
Hasta que el sol se pone
y, en medio de un gran silencio,
la luna con sus rayos de plata
da marco al palmeral inmenso.

PAISAJE DE FUENCALIENTE
(LA PALMA)

I

En ladera de fuerte pendiente
que quiere en el mar precipitarse,
la viña mira hacia poniente
para poder ver al sol ocultarse.
La tierra está siempre caliente,
sin que el agua llegue a evaporarse,
al estar cubierto todo el frente
de cenizas que un volcán lanzase.
Se muestra el verdor patente
sobre el negro manto de cenizas,
situado en suelo de secano,
para que en él la viña se sustente
y reciba el influjo de las brisas,
procedente del vecino océano.

II

El volcán con fuerza explosiva
lanzó por los aires piroclastos

cubriendo la tierra de cenizas
y lapilli, de mayor tamaño.
Se cubrieron laderas y faldas
de grueso manto de color negro,
en el que fueron abiertos huecos
para poder enraizar las plantas.
Llegaron a ocupar todo el terreno
las vides plantadas con ingenio
con cubierta de volcán protegidas,
que conservaba en la tierra el agua
y mantenía el calor en el suelo,
pudiendo reinar así la malvasía.

III

Más abajo, la lava el mar penetra
en plataforma de suelo conquistado,
por el que se extiende la platanera
después de haber sido colonizado.
Un verdor intenso se aprecia,
con la negra lava contrastando,
como si al final de su carrera
quisiera así haberse transformado.
La masa inerte de estéril suelo
ha servido de soporte propicio
para que tierra de cumbre se situase
y, con ella, se obtuviera el portento,
una vez alcanzado el equilibrio,
de que la fertilidad se lograse.

IV

Espectáculo de un suelo volcánico,
exponente de la "isla bonita",
bajo un monte de pinos situado
que lo contempla y a la vez lo cuida.
Pareciendo como a cincel labrado
brota en él platanera y viña,
componiendo maravilloso cuadro
como un producto de la fantasía.
En frente, el volcán mira arrobado
lo que ha salido de sus entrañas,
que aún se conservan calientes,
sin llegar a comprender el milagro
del verdor surgido sobre la lava
en un lugar llamado Fuencaliente.

RUTA DE LOS TILOS
(LA PALMA)

Es un barranco de altas paredes
en el dominio de la laurisilva
del Parque Natural de las Nieves,
que muestra su esplendor y maravilla,
siendo fiel reducto de un pasado
perdido que ha sido conservado.
Los tiles destacan en el barranco,
y los viñátigos en las laderas,
junto con acebiños y palo blancos
del Parque, Reserva de la Biosfera.
Al barranco se entra por un sendero
que da paso a grupos de turistas,
caminando colocados en hilera
con el agua haciendo compañía.
El agua circula por un canal
a lo largo de todo el trayecto,
como queriendo alegrar el lugar
y animar para recorrerlo.
Atraviesa pequeños túneles,
a través de la roca abiertos,
por los que es necesario pasar
casi en la oscuridad envueltos.

Al salir, estalla el intenso verdor
que cubre las paredes del barranco,
produciendo en el espectador
un fuerte impacto en su ánimo.
La variedad y formas de las plantas
que ascienden hacia altas cornisas
por paredes rezumantes de humedad
transportan a un mundo irreal
y, al avanzar, el barranco se estrecha
queriendo conducirnos a un lugar
anunciado por el sonido del agua
que se va oyendo con más fuerza.
Hasta llegar a una hermosa cascada
como destino final del trayecto,
siendo entonces el ruido del agua
más alegre, sonoro y diverso.
Las angostas paredes del barranco,
queriendo su prestancia aumentar,
con helechos gigantes se engalanan
creando un cuadro difícil de olvidar,
ya que queda en suspenso el alma
sumergida en la pureza del entorno
y arrebatada por la emoción del instante,
al ver los vistosos frondes colgar
de las húmedas paredes verticales
verdes de musgo y diversidad de plantas,
todo ello teniendo como fondo
la Cascada de los Tilos de La Palma.

Parque Nacional
de La Caldera de Taburiente
(La Palma)

I

Paredes verticales llenas de pinos,
pareciendo querer llegar al cielo,
en un gigantesco cráter metidos
que desde el fondo fue emergiendo.
Tras el paso de miles de siglos,
en los que su forma se fue construyendo,
una vez ocurridos los cataclismos
quedó esta maravilla del universo,
creada por la acción del fuego
y llenándose de vida por dentro.

II

Desde lo más profundo del océano
y a través de fisuras de la corteza
la lava ascendió formando capas
creando un edificio submarino,
acumulándose sucesivas coladas

basálticas emitidas por el volcán
una vez del mar hubo emergido,
y tras crecer en sucesivas etapas
llegó a formar una isla circular
con capas de lava fluida y espesa.
Se prolongaron las erupciones
por largos espacios de tiempo
aumentando la isla sus dimensiones
con la lava expulsada desde el centro,
para luego el edificio colapsar
al no poder sostener tan gran peso.
Se cubrieron los cráteres vaciados
y de nuevo los procesos repitieron
pero en proporciones gigantescas
con un inimaginable final.
Tras explosiva serie de erupciones
la isla creció hacia el sur por un flanco
llegando a alcanzar alturas enormes
pero de muy inestables laderas,
cuyos materiales piroclásticos
no pudieron resistir declives y peso
hundiéndose en colosal caldera
y deslizamientos que llegaron al mar.
La majestuosa caldera formada,
orientada hacia el suroeste,
continuó lanzando lava y fuego
desde el fondo del gigantesco hueco
cerrando un costado con la lava,
llegándose a crear un gran barranco
dando salida el agua a las erosiones

que desmantelaron con el tiempo
la singular estructura originada:
las verticales basálticas paredes,
piroclastos lanzados por explosiones,
y sedimentos que se fueron acumulando.

III

Con los siglos se fue llenando de vida
cobrando verdor la caldera por dentro,
siendo el singular pino de Canarias
entre la flora el principal ejemplo.
Con sus raíces recias y poderosas,
dotado de una gruesa corteza
y resistencia contra el fuego,
parecía estar hecho con la idea
de cumplir una función en aquel medio
entre volcanes, erupciones y rocas.
Trepó hasta inaccesibles lugares
por escarpadas rocosas pendientes
hundiendo sus raíces penetrantes
para encontrar agua en las vertientes
y quedar bien anclado en el suelo.
Así, el inmenso cráter llegó a ocupar
ascendiendo por las laderas abruptas,
para poder todo su interior guardar
como vigías que custodian un templo,
llegando hasta las superiores alturas.
Allí, entre los escarpados riscos
y tapizando las verticales paredes

aparecen plantas de curiosas formas
estando entre ellas los bejeques,
en rosetas que los bordes coronan.
Les acompañan los codesos amarillos
que han florecido en la primavera,
junto con los azules tajinastes
ataviados con flores en vistoso traje
cuya alargada capucha colorea.
Desde estas crestas se observa nítido
el intenso color azul del cielo
y al mirar hacia abajo sobre los riscos
se experimenta la sensación de vértigo.
Hasta que el mar de nubes entra en la caldera
apareciendo sobre las montañas
deslizándose sobre sus laderas
y cayendo en forma de cascada,
queriendo arroparlas con su capa blanca.
Por la noche un cielo muy limpio
es punteado por millones de reflejos
que parecen así estar cumpliendo
el fin para que allí fueron puestos,
ya que pueden ser bien observados
por los telescopios más modernos,
en las altas cumbres instalados
para poder escudriñar el universo.

IV

Para la caldera mejor contemplar
su interior está lleno de senderos

que se pueden recorrer para admirar
toda su belleza y diversidad,
rodeada de misterio y silencio.
La naturaleza muestra su pureza
y al mismo tiempo su grandiosidad
que llega a sobrecoger el ánimo,
llenándonos de ternura y humildad
el ver lo que ha originado del caos.
Sus basálticas paredes verticales,
que superan los mil metros de altura,
al ser contempladas desde su base
producen un indefinible efecto
en el que va recorriendo el camino,
quedando absorto el visitante
y en un mar de emociones lleno,
encontrándose por el verdor envuelto
formado por la masa circular de pinos
que vigilan y conservan este templo.

V

La erosión en el fondo de la caldera
ha formado diversidad de barrancos,
que destacan por la original belleza
de sus cauces y caprichosas cascadas
por las que discurre abundante el agua.
Aparecen manantiales y riachuelos
que corren por los suelos basálticos,
dejados por la erosión descubiertos

al llegar hasta la base originaria
después de los grandes deslizamientos.
Los diversos cauces se van concentrando
surgiendo en los desniveles cascadas,
entre ellas la llamada de colores
que crea original y bella estampa
con sus distintos tonos rojizos y ocres.
Las aguas se concentran en un barranco
de estructura y dimensiones imponentes,
de las Angustias tiene por nombre
y a la caldera por el sur da remate,
como si un profundo rio se abriera
para dar salida a las erosiones
que han desmantelado las paredes
y el interior del gigantesco cráter,
que da forma al grandioso Parque
Nacional de la Caldera de Taburiente.

PARQUE RURAL DE TENO
(TENERIFE)

I

Paredes verticales salidas de un sueño,
profundos barrancos que alteran el pulso
como si en ellos resonaran los ecos
de la potente fuerza que les dio curso.
Masas de basalto producto del esfuerzo
gigante que en lo más hondo se produjo,
impulsando al magma a salir del fuego
para encontrar en el exterior refugio.
Millones de años de erosión continuada
llegaron a dar cuerpo y forma al conjunto
de increíble impresión de movimiento,
que llega hasta donde la vista alcanza,
como si la tierra hubiera cobrado impulso
para producir la sensación de vértigo.

II

Las coladas de basalto acumuladas
llegaron a formar un gran edificio

junto con explosiones piroclásticas
a las que siguieron los cataclismos.
Una vez cesaron las erupciones
implacable erosión hizo estragos,
formando escarpes y profundos barrancos
de increíbles paredes verticales.
En el mar, las olas golpearon las bases
llegando a horadar los cimientos
que resquebrajaron y cedieron
hasta los altos edificios colapsarse,
creándose con los derrumbamientos
el grandioso Acantilado de los Gigantes

III

En las altas cumbres surge la laurisilva,
a lo largo de todo el Monte del Agua,
formando una boscosa y tupida masa
que apenas deja pasar la luz que brilla.
Tilos y viñátigos de gran altura
ocupan los barrancos y vaguadas
y los laureles ascienden las laderas
hasta alcanzar las partes más altas.
El musgo se aferra a todas sus ramas
debido a la humedad del ambiente
y el suelo se cubre de helechos y setas
rodeadas de piedras de colores,
creándose un mundo de misterio y magia
que la húmeda tierra llena de olores.

IV

Llenas de vida sus montañas y gargantas
con variada flora en paredes y suelos,
destaca en ella la retama blanca
pareciendo querer mirar al cielo.
En el mes de abril, sus flores blancas
despiden aromas sutiles y complejos,
que intensos penetran en el alma
llegando a embriagarla por completo.
Más abajo aparecen las palmeras,
como si se hubiera detenido el tiempo
en un cuadro que permanecerá imborrable,
al perfilarse detrás de las laderas
en barranco de imponente aspecto
una pared vertical inimaginable.

V

En el horizonte, se dibuja la Gomera
pareciendo de la fantasía diseño,
como si sobre el mar se suspendiera
o si de él fuera tan sólo un reflejo.
Varios picachos se interponen ante ella
y un barranco se sitúa en el centro,
quedando enmarcada entre sus laderas
que perfilan la vista con celoso intento.
Mirando hacia abajo por la carretera,
entre vertientes de verodes y tabaibas,
el caserío de Masca surge a lo lejos

adornado por hileras de palmeras,
a los pies de imponente roque,
y situado frente a la singular muralla
del maravilloso Parque Rural de Teno.

PARQUE RURAL DE ANAGA
(TENERIFE)

I

Agrestes montañas desnudas y resecas,
fuertes pendientes en laderas de barrancos,
grietas abiertas de paredes esqueléticas,
agudas cumbres alineadas en ángulo.
Surgida de las entrañas de la tierra
al expulsar el primario magma basáltico
seguido de coladas piroclásticas
y de altas nubes eruptivas,
se esculpió esta singular cadena
que muestra de la erosión sus estragos
sobre la acumulada lava.
Miles de siglos la contemplan
en los que paso a paso se ha formado
del modo en que la naturaleza crea
cincelándose los roques y el picacho.
La estructura volcánica creada,
una vez cesaron las erupciones,
fue duramente desmantelada
por efecto de las erosiones,
favorecidas por los piroclastos

que habían sido expulsados
violentamente por los aires
y acumulados en las vertientes,
siendo sin dificultad arrastrados
por los diferentes agentes.
Resultó un paisaje abrupto
de laderas muy inclinadas
formando barrancos profundos
y grandes acantilados costeros,
surgiendo altivos los roques
en lo más alto de los cerros,
junto con pequeños islotes
como centinelas en las aguas.

II

Como un milagro, cuando las nubes gotean,
revive la flora entre sus peñascos,
conviviendo cardones, tabaibas y verodes
en un sistema bien equilibrado.
Se les ve ascender por las laderas
llenando de verdor todos los barrancos,
que de esta manera se colorean
por plantas de curiosas formas y brazos.
En las zonas de la cadena más altas,
de eje con los alisios orientado,
el brezal aparece en sus crestas
en los bordes y filos instalado,
y en sus más adyacentes laderas.

Allí es azotado por el viento,
al que está bien adaptado,
sus embates resistiendo
sin llegar a sufrir ningún daño.
La laurisilva surge en el lado norte
formando densa masa forestal
al ir ganando el terreno altura
y llenarse el ambiente de humedad.
Este bosque, reducto del pasado,
conserva allí todo su esplendor:
los tiles abundan en la umbría,
y en las laderas palo blancos,
junto con laureles y viñátigos,
de musgo y helechos rodeados,
creando un mundo lleno de vida
como producto de una fantasía.
Descendiendo la vertiente norte
el bosque termófilo aparece
que otro aire al paisaje da,
mostrando sabinas de hermoso porte
junto con otras diversas especies
y grupos de dragos y palmeras,
en torrentes y barranqueras
cubriendo el flanco hasta el mar.

III

La costa está llena de roques
y las alturas de agudos picachos

supervivientes de las erosiones,
siendo mudos testigos
de los miles de siglos pasados
con sucesivos cataclismos,
y a la vez celosos centinelas
de lo creado por la naturaleza.
Agudas cumbres que el horizonte otean
sobre el azul infinito del océano,
masas pétreas a las que las olas llegan
para chocar y morir, en ellas descansando.

Sobre el mar de nubes
(Tenerife)

I

Un mar de nubes inmenso y quieto
es visto desde un pinar que desciende
bajo una cresta con restos de hielo,
mientras la brisa las hojas mece.
Masa blanca de algodón espeso
que a la tierra abrigar quiere
contorneando el abrupto terreno
como un manto que allí se pusiese.
Por encima, el pinar se extiende
coloreando de verde las montañas,
cubriendo así todo el frente
hasta llegar a las partes más altas,
en las que parece detenerse
para dar paso, gentilmente, a la retama.

II

El hielo del suelo se refleja
bajo el sol que declina en la tarde,
destacando en lo alto de las crestas
al llenarse de destellos brillantes.

La naturaleza queda expuesta
en sus más extremos contrastes,
para mostrar toda su belleza
como si de un diseño se tratase.
La retama crece en suelo volcánico
en el que los colores son cambiantes,
pasando del negro, al rojo y al blanco,
llegando en la lava a amalgamarse
para componer el más bello cuadro
que inigualable artista crease.

III

Sobre este mar de nubes suspendido,
el gigantesco pico Teide se alza,
pareciendo fuera un espejismo
que de la mente se apoderara.
Como algo insólito e imprevisto
surgió del fondo de las entrañas,
para poder contemplar complacido
la isla sobre la que descansa
y ser guardián de todo el paisaje
que se encuentra bajo sus plantas.
Y ante él, rindiéndole vasallaje,
forman nutrido grupo los pinos,
que trepan hasta llegar a la lava
superando escarpes y precipicios.

IV

El sol de la tarde sigue cayendo
hasta situarse a un lado del gigante,
mientras las sombras van descendiendo
llegando por completo a ocuparle.
Más tarde, se tiñe de rosa el cielo,
con un fondo azul de contraste,
para volver a irisarse de nuevo
al ir el rojo disco a ocultarse.
Y una vez alcanzado el horizonte,
parece que quisiera agrandarse
al reverberar con fuerza sus bordes
con un rojo intenso incomparable,
junto a la blanca figura noble
del Teide, que es su acompañante.

Parque Nacional del Teide
(Tenerife)

I

Colores claros y oscuros
en una naturaleza extraña,
con un gran círculo en donde
un majestuoso pico se alza
altivo, en gigantesca mole,
por la que se ha vertido lava,
adoptando diversas formas
al quedar solidificada,
como si fuera el diseño
de una obra inacabada.
Sobre el majestuoso pico
se agolpan las masas de lava,
como vertidas a borbotones
al salir de una garganta,
o por una explosión que estalla
en los bordes de sus faldas
lanzando picón y pómez,
que caen bajo sus plantas,
tiñendo de colores claros
la base en la que descansa.

Por todo el círculo, hasta los bordes,
se esparce la roca volcánica
conformando un paisaje lunar
al que da color la vida vegetal,
y en medio de un gran silencio
una sinfonía empieza a sonar,
cuyos variados e intensos acordes
provienen del fondo de sus entrañas
en las que una fuerza enorme
un impulso ascendente desata.

II

Las profundidades del océano,
por titánicas fuerzas agrietadas,
expulsaron al mar el magma
que fue ganando en altura
hasta salir a la superficie
en una triangular estructura,
sobre la que nuevas erupciones
siguieron acumulando lava
creando gigantescos edificios
flanqueados por precipicios.
La cúpula central inestable
se hundió al no soportar el peso
sobre la cámara magmática,
produciéndose una gran caldera
que estabilizó los cimientos.

Sobre ella, otras erupciones
continuaron lanzando el fuego,
surgiendo dos nuevos volcanes
que alcanzaron alturas enormes,
llegando a colapsar el primero,
tras grandes piroclásticas coladas,
y en gigantesco deslizamiento
el segundo se precipitó en el mar.
Se formaron dos subcalderas
que rellenó la ascendente lava
desbordando el costado norte,
llegando a cubrir valles y laderas
con oscuras y fluidas coladas.
En las alturas siguieron las erupciones
que darían paso a que el gigante
allí se alzará impresionante.

III

El majestuoso estratovolcán,
que fue llamado Pico Teide,
expulsó lava por distintas bocas
ganando a su vez en altura,
queriendo así hacer suyas
las volcánicas negras rocas.
Lenguas de lava de color negro
con capas blancas solapadas
descendieron por las laderas,
queriendo lamer al gigante

por todas sus hendiduras y grietas,
y otros volcanes asociados,
como los de Pico Viejo
y el llamado de Montaña Blanca,
complementaron el trabajo
rellenando todos los huecos.
Sobre la caldera formada
discurrieron las masas de lava
con gran diversidad de formas:
como los llamados malpaises,
las negras lavas en bloques,
o bien, las lavas en cordones
alineadas siguiendo ondas.
Los conos de picón y cenizas
con sus colores rojizos y oscuros
dieron variedad al conjunto.

IV

La amplia gama de colores,
que al Pico Teide engalanan,
dan un armonioso toque
a la aridez de su estampa,
pasando del oscuro bronce
al color de la tez pálida,
permitiendo se arrebole
cada vez que el sol levanta,
hasta que el invierno pone
su cubierta de nieve blanca.

Alineados en la base del gigante
se encuentran los Roques de García,
enormes rocas verticales
por viento y aguas erosionadas,
restos de la estructura formada
por las dos calderas primitivas,
y allí altivos se alzan vigilantes
celosos guardianes del gigante.
A lo largo y ancho de la caldera
surge un paisaje que sobrecoge
cambiante con las horas del día,
con distintos brillos y colores
que lucen las rocas volcánicas
enriquecidas con obsidianas
como si se viviera una fantasía.
En este mundo ancestral,
que retorna a tiempos remotos
y de grandes cataclismos,
con los siglos surgió la vida
produciéndose el milagro
de la flora en la estéril lava
que ocupó en su totalidad
la Caldera de las Cañadas,
llegando en ella a reinar noble
con humilde belleza la retama.

V

La retama, de ramas verde-grisáceas,
largas, compactas y austeras,

propias de un medio duro y extremo,
se extiende por laderas y lomadas
mostrando su peculiar aspecto.
Con el tiempo se llega a quererla
con un especial sentimiento,
no pudiendo nunca olvidarse
la belleza de sus flores blancas
y el   aroma de sus pétalos.
Singular flora la acompaña
con el despertar de la primavera,
destacando en ella el tajinaste
que tiñe de rojo las laderas
sobre los oscuros campos de lava.
En unas condiciones extremas
de sequedad y temperaturas
muestra cientos de florecillas menudas,
y hace con el paisaje contraste
su forma cónica en larga capucha.
En los meses de mayo y junio,
dispersas entre las retamas,
en los bordes de los caminos
o a los pies de rocas basálticas,
florecen las margaritas del Teide,
con su color blanco brillante
y su parte central amarilla,
haciendo un fuerte contraste
con los tonos rojizos, ocres o negros
de las rocas, entre las cuales habita.

Con sorpresa, también en primavera,
y como por arte de magia,
las laderas abruptas y secas
cobran vida inesperada.
Arbustos de aspecto pajizo
llamados hierba pajonera
estallan en flor por las laderas
que van mostrando tonos dorados,
hasta quedar del todo cubiertas
por flores de color amarillo.

VI

Espectáculo para el orbe
en sinfonía inacabada
de graves y agudos acordes
que sucesivas notas desgranan,
desde la mañana a la noche
rodeada de silencio y calma,
oyéndose tan sólo las voces
del misterio que ello encarna,
misterio del que se compone
la gran sinfonía del magma.

TERCERA PARTE, SOBRE LOS PAISAJES AGRARIOS DE CANARIAS

PAISAJE DE PLATANERAS

I

Masas verdes en huertas abancaladas,
creadas con gran esfuerzo e ingenio,
se extienden por las zonas más cálidas
y menos expuestas a la acción del viento.
En suelos sin tierra o sobre la lava
ha sido realizado este portento,
como se crea un jardín de la nada
por empuje de un impulso interno.
Tierra de cumbre sobre drenaje colocada
y muros de piedra que la contienen
son los elementos que entran en juego,
en esta arquitectura diseñada
para que la platanera se sustente
y dé su fruto, cuidada con esmero.

II

Extensos valles y muy amplias laderas
se convierten en paisajes estructurados,
incluyéndose plataformas nuevas
de lava, que en el mar ha penetrado.

Zonas que en un principio eran secas
en vergeles se han transformado,
creciendo pujante la platanera
una vez que el agua ha llegado.
Se ha creado un verde paisaje
muy distinto al que allí había
y que ha sido al medio adaptado;
así, el agricultor isleño se vale
para forjarse su medio de vida
en un espacio por él logrado.

III

Balsas, estanques, largas conducciones,
todo un sistema para llevar el agua
desde su origen hasta las plantaciones,
asegurando así el verdor sobre la lava.
Dispositivos de goteo y contadores
la distribuyen con gran eficacia,
evitando todo tipo de derroche
y llevando la nutrición a las plantas.
Proviene de presas, pozos y galerías,
o bien, son aguas residuales tratadas,
e incluso es obtenida del mar,
siendo para ello desalada
mediante moderna tecnología
capaz de adecuada calidad dar.

IV

Esta producción especializada
supone para las islas gran riqueza,
y es símbolo de la tierra canaria
que con gran esfuerzo la genera.
El prodigio logrado con el agua
junto con la construcción de las huertas,
no sólo el paisaje engalana
sino que da estabilidad a la tierra.
Amplias zonas quedan así dibujadas
en cuadrículas de forma regular,
ascendiendo incluso por laderas
en terrazas de forma escalonada,
que reflejan la gran fuerza vital
del agricultor, autor de esta proeza.

V

El paisaje ha ido evolucionando
y en él se intercala el invernadero,
de lámina plástica en todos sus lados
bien sustentado sobre pies derechos.
Parece así irse industrializando
el cultivo que fue artesanal primero,
para de esta forma ir buscando
la mayor rentabilidad del terreno.
Zonas costeras se cubren de láminas
que con las verdes huertas alternan,
como si el progreso se nos mostrara

y un anticipo de él ello fuera,
en el intento de la energía humana
por poder controlar la naturaleza.

VI

Este paisaje se asocia con el turismo
en una necesaria convivencia,
pues ambos requieren de lo mismo
y sus actividades se complementan.
El visitante busca cualquier indicio
que desvele la historia de la tierra,
lo que hizo posible lo que ha visto
y todo aquello que lo fundamenta.
Al contemplar la obra realizada
no puede dejar de mostrar sorpresa,
junto con una gran admiración,
al ver cómo conviven sobre la lava
las verdes explotaciones de plataneras,
los invernaderos y los campos de golf.

PAISAJES DE TOSCA Y JABLE
EN EL SUR DE TENERIFE

I

Vastas extensiones secas y poco pobladas,
de un monótono color gris-blanquecino,
a la vertiente sur de la isla orientadas,
en la que soplan con fuerza los vientos alisios.
Grandes coladas piroclásticas lanzadas
en potente explosión desde gigantesco pico,
quedando los fragmentos en capas depositadas
en largas laderas, formando semicírculos.
Así quedó esta amplia zona pintada
tras formación volcánica de cientos de siglos,
apareciendo más tarde en ella flora adaptada
con predominancia de la de tipo xerofítico,
en las cotas más bajas y medias situada
y siendo las altas coronadas por el pino.

II

Las piroclásticas coladas y lluvias de pómez
muestran en todo este espacio su dominio,
en el que conviven balos, tabaibas y cardones
componiendo un paisaje muy característico.

Las masas volcánicas una vez compactadas,
vulgarmente conocidas como tosca,
surgen a la vista como sin tener sentido
al no poder ser meteorizadas
por la escasez de lluvias y agentes precisos,
formando adusto paisaje de volcánica roca.
Pero a este ambiente hizo frente el campesino
utilizando su ingenio y el propio instinto
buscando en el medio que le rodeaba
la forma de poder realizar sus cultivos.
Escalonó el terreno formando terrazas
dotadas de muros de tosca en bloques,
evitando así el efecto de las erosiones
cuyos arrastres los suelos desnudos dejaran,
y sobre la tierra extendió cubierta de pómez
para que del aire la humedad captara
y a su vez el agua fuera almacenada.
La capa de pómez, conocido como jable,
al ser roca volcánica de gran porosidad,
condensa la humedad de las nieblas bajas
y mantiene en la tierra el agua estable
evitando se evapore por el calor solar.

III

El paisaje originario de lomas pálidas,
abrupto, seco y de escaso colorido,
así transformado en terrazas escalonadas,
da una gran personalidad a los municipios.

Se contempla la gran obra realizada
desde distintas alturas y en diferentes sitios,
viéndose largas pendientes estructuradas
en parcelas de homogéneo color blanquecino.
Arquitectura de un paisaje embellecido,
que recuerda el estilo de jardín japonés,
en el que verdea el cultivo de la papa
con capa del blanquecino jable protegido,
como resultado de la integración lograda
con el medioambiente por el campesino.

IV

El agricultor, cubriendo sucesivas etapas,
fue avanzando por este afanoso camino,
utilizando tan sólo lo que el medio le daba
para poder forjarse su propio destino.
Integrándose en el paisaje que le rodeaba,
construyó huertas, muros, aljibes y el sitio,
eligiendo   lugar adecuado para la casa
que parece así del suelo haber salido.
En su proximidad, varias cuevas excavadas
en la tosca cumplen una importante función:
en ellas, las cosechas son almacenadas,
las semillas se conservan para plantación,
y como bodega con frecuencia son usadas,
aprovechando el frescor de su interior.

UNA CASA RURAL

I

La cubierta es a dos aguas,
de tejas y reducida pendiente,
y de piedra y barro las paredes,
dando solidez y frescor a la casa.
Al frente, una puerta y dos ventanas
permiten entrar luz suficiente
para que las estancias queden
completamente iluminadas.
Las paredes están encaladas,
combinando con el color verde
que lucen puertas y ventanas.
Delante, dos pequeños muretes
contienen un grupo de plantas:
hortensias, geranios y bejeques.

II

En la parte trasera, formando ala,
se ve otra construcción con azotea,
que cuando llueve recoge el agua
y maíz y frutos en ella se secan.

Un muro cierra las dos alas,
haciendo contra el viento defensa,
y así un patio interior se enmarca
en el que hay, al fondo, una escalera.
Está hecha de piedra volcánica,
tiene una barandilla de madera
 y un aljibe se encuentra a sus pies,
que almacena en su interior el agua
de lluvia, recogida en la azotea,
para así conservar este valioso bien.

III

En el interior del patio formado
hay sombra ofrecida por un parral,
sobre baldosas de piedra situado,
para bajo él sentarse a descansar.
Delante, un jardín con frutales
hace sentir algo muy especial
al ser desde allí contemplado
dando vida y color al lugar.
Por plantas aromáticas perfumado
y rodeado de distintos helechos,
la vista no se cansa de mirar:
heliotropos, margaritas, geranios,...
cubriendo una gran parte del suelo
y fundiéndose con el resto del hogar.

IV

En el exterior, se ven muros de piedra
sobre los que se turnan los colores:
el azul de colgante enredadera
alterna con plantas de amarillas flores
y el verdor de un grupo de tuneras.
Tras ellos, huertas de picón cubiertas
de variadas hortalizas se ven llenas,
ocupando el viñedo los bordes.
El terreno se desliza en pendiente,
descendiendo por él las huertas
rodeadas de grupos de tabaibas,
pareciendo estar allí presentes
al haber querido la naturaleza
que en este espacio se situaran.

V

La pendiente termina en el mar,
en el que la lava ha dejado su huella:
rocas de muy diversas siluetas
aparecen tras las olas estallar
y sus oscuras formas se colorean
con la espuma irisada por la sal.
La ardiente lava que llegó al mar
puede ser visto, al bajar la marea,
cómo adoptó su forma definitiva,
al quedar solidificada en el agua
caprichosamente retorcida

o alineada en prisma vertical,
de increíble efecto a la vista
con una negrura difícil de olvidar.

VI

Se oye el ruido de algunas gaviotas
que sienten del día llegar su final
y vuelan girando en círculos, solas,
como intentando la atención llamar,
para que allí acudan personas
a las que quisieran algo mostrar,
en ese momento y precisa hora
en la que el ocaso está al llegar.
El cielo se tiñe de tonos rosados,
logrando que el alma comience a vibrar
en un instante que llega a ser mágico
al ver los reflejos del sol sobre el mar,
y arriba, en lo alto de la casa sentados,
la familia contempla al sol ocultar.

Un patio

Una suave brisa llega al rostro con delicado olor a azahar, que proviene de un patio, el cual está cerrado por un muro y, en su interior, hay una palmera, un drago y dos naranjos. La puerta está abierta y, al entrar, se ve en el centro una fuente con un murete circular de piedra volcánica y una columna en forma de copa artísticamente trabajada, de la que sale un surtidor de agua que da frescor al ambiente. Rodeando a la fuente, se encuentra un jardín con diversidad de plantas, ordenado en cuatro parterres: junto a la palmera, margaritas, hortensias, strelitzias y gerberas; acompañando al drago, cardones, tabaibas y bejeques; y rodeando a los naranjos, dalias, aloes y geranios.

El patio tiene forma rectangular y está enmarcado por una edificación de dos plantas, conformando tres alas, que lo cierran junto con el muro de la entrada. A la segunda planta, se accede por una escalera de madera, situada en una de las esquinas y está con gran primor trabajada. Al subirla, se entra en una galería abierta, que se prolonga mirando al patio a lo largo de las tres alas, y en sus paredes se ven ventanas de guillotina, todas ellas bajadas. El suelo y antepecho de dicha galería son de madera, formando la baranda balaustrada semiabierta. Todo este conjunto, desde el patio, puede verse que está sustentado sobre una hilera de pilares de madera, dotados de cabezales artísticamente labrados, cuyos pies están empotrados en bases de piedra, quedando así formada otra galería a nivel del suelo.

Esta galería inferior está pavimentada con baldosas de piedra, y al caminar a lo largo de ella se van viendo los detalles del jardín, así como las puertas de madera de las distintas estancias. En el techo, de tramo en tramo, cuelgan helechos suspendidos de las vigas, las cuales quedan a la vista mostrando cómo trabaja la madera, en las gruesas paredes de piedra empotrada. En la esquina no ocupada por la escalera, se encuentra un arco, que al jardín da entrada, y desde él, al llegar, puede verse en bella panorámica el conjunto del jardín con la fuente al centro, y aspirar los aromas de las flores, que en el patio se resaltan.

En la galería de la segunda planta destaca la semiabierta balaustrada de madera, con pasamanos sobre apoyos verticales; y desde allí se puede mejor apreciar la gracia del jardín, a la vez que se oye el rumor del agua. Al mirar hacia el frente, se ve la típica cubierta de tejas del edificio, que cae suavemente sobre esta galería, formando alero de reducida pendiente.

Se trata de una antigua casona solariega de arquitectura tradicional canaria, que ha sido rehabilitada con fines turísticos. El sol de la tarde se refleja en los tejados y aleros del patio y, sintiendo su agradable caricia, varios visitantes situados delante de la baranda, comentan admirados la armonía del conjunto lograda y la calidad del trabajo de la madera de pino enteada, que da cuerpo al edificio.

LA LLUVIA

Se deshacen las nubes como a bocanadas y desaparecen, quedando un cielo azul infinito que se prolonga días y días. Los montes resecos miran a lo alto esperando el agua que nunca llega, pareciendo que las nubes hubieran perdido su función y fueran simples viajeras que observan lo que acontece sin tomar partido. Las tierras, valles, laderas y barrancos quedan sin colorido y el suelo sediento sólo espera ya un milagro, para que en él pueda continuar la vida que sustenta.

Por fin llueve un día inesperado, tras el prolongado secano. El aire es limpio, el viento fresco, los montes verdean, llegan los renuevos y las cumbres desoladas, cubiertas de neblina, sienten los soplos de las brisas. Vuelve la esperanza, la tranquilidad señorea, el paso se hace más sosegado y algo en el corazón se agita, como si la llegada del agua no sólo purificara el ambiente, sino que transmitiera a nuestro interior luz viva y los rostros alegres así lo reflejaran. Es un regalo que el cielo de nubes grises y oscuras nos ha dado, cielo de humedad cargado que nos dice que lo oscuro es también benigno, frente a un azul que fue seco y largamente prolongado.

También sopla el viento con fuerza y el mar se estremece, estrellándose las olas violentamente contra los rocosos acantilados y los diques costeros, siendo arrastradas las algas despidiendo aromas de iodo y sal. En lo alto, vuelan las gaviotas, intranquilas, pero seguras de que volverá la calma después del temporal. Las islas continúan su eterno caminar pregonando el triunfo de la naturaleza, y muestran un halo que de algún modo ese triunfo manifiesta.

Índice